zwanzig Komma drei Meter Ruhe

ein Theaterstück von

Agnes Gerstenberg

Bibliografische Information der Deutschen Nationalbibliothek:
Die Deutsche Nationalbibliothek verzeichnet diese Publikation in
der Deutschen Nationalbibliografie; detaillierte bibliografische
Daten sind im Internet über http://dnb.dnb.de abrufbar.

Das Stück ist im Rahmen von FORUM Text, Lehrgang zum
szenischen Schreiben der uniT in Graz, entstanden.
2012 wurde es in Auszügen am Schauspielhaus Wien, beim
Kaltstart Festival in Hamburg (Autorenlounge) sowie 2016 am
Staatstheater Karlsruhe vorgestellt. Die Stückzusammenfassung
auf dem Buchrücken verfasste Anne Rietschel, Dramaturgin und
2012 Teil der Festivalleitung der „Autorenlounge – Festival für
junge Dramatik". Fotos: Agnes Gerstenberg

Herstellung und Verlag: BoD – Books on Demand, Norderstedt

ISBN: 978–3–7526–7325–8

„Das rührt daher, dass der Mensch.
eines schönen Tages.
die Vorstellung von der Welt
angehalten hat.

Zwei Wege boten sich ihm an:
Der des unendlichen Äußeren,
der des winzigen Inneren.

Und er hat das winzige Innere gewählt."

Antonin Artaud

S

L (Lena Witte)

B

EINS

sie brauchen dich / die Welt nicht

B [part one]
sieben Uhr dreißig ist es
wenn du in die Küche geschlurft kommst
in deinen Pantoffeln
die du damals von deiner Mutter zum Geburtstag
bekommen hast
den blauen mit den Knöpfen
du außerdem noch deinen Pyjama anhast
den Zweiteiler mit den Teddybären drauf
S guten Morgen
B du nimmst die Bratpfanne aus dem Schrank
fettest sie ein
den Herd schaltest du auch
ein
nimmst die Eier aus dem Kühlschrank
und dann siehst du zu mir
S Rührei oder Spiegelei
B ich sehe aus dem Fenster
das Thermometer hängt hinter dem Glas
draußen
zeigt Striche und Zahlen
und etwas weiter unten da
ein leerer Spielplatz
kommen eh nicht zum Spielen
S ich mach dir Rührei
B Rührei also
bei Rührei sind es acht Komma fünf Minuten
ungefähr

die du dort noch stehst
bevor du dich zu mir an den Tisch setzt
und anschließend im Badezimmer verschwindest
S dazu Speck oder Tomate
ich mach dir Tomate dazu
B du im Badezimmer verschwindest
ich lausche an der Tür
höre wenn du das Wasser abstellst
wie du das Shampoo aus der Tube in deine Hände
und es anschließend in deinen Haaren dir selber
den Kopf massierst
obwohl ich auch hinein könnte
aber so ist es geheimnisvoller
du weißt dass ich da stehe und du findest es
S witzig
B dass ich nicht mit dem Handtuch warte
wenn du aus der Dusche
um dich trocken zu rubbeln
nein dir die Kleider rauslege
welches würde dir gefallen
wie ist das Wetter heute
elf Komma zwei Grad Celsius
zeigt das Thermometer vor dem Küchenfenster
vielleicht wird es Regen geben
ich sollte dich warm einpacken
vielleicht diese Bluse hier und eine Jeans
obwohl fürs Büro magst du lieber Röcke und eine
Feinstrumpfhose
dazu Stiefel nein Halbschuhe
also eine etwas dickere
ja wenn schon Rock dann aber eine etwas dickere
Strumpfhose
dass du nicht frierst
aber das alles

	erst später
S	Kaffee oder Tee
	ich mach dir Tee das ist gesünder
B	erst nach den acht Komma fünf Minuten
S	können auch Zwiebeln in dein Ei
	Schatz
B	wenn du mit dem Frühstück fertig bist und du dich zu mir gesetzt hast
S	nicht dass du wieder
	na du weißt schon
B	du lachst
	so wie jeden Morgen
	als ob du erst noch den Schlaf von deinen Wangen lachen müsstest
	jeden Morgen so als ob dieser Morgen etwas ganz Besonderes wäre
	dabei steht dir diese Freude über den Tag jeden Morgen über den Grübchen
	unter den Augenlidern den frischen und auch diesmal
S	stell dir vor heute sollen es einunddreißig Grad werden
B	findest du etwas das diesen Tag zu etwas Besonderem macht
S	Essen ist fertig
B	dann essen wir gemeinsam zwanzig mal sechzig Sekunden
	ein Blick noch ein Blick und reden über dies und das
S	hast du gut geschlafen
B	wunderbar
S	ja
B	wirklich
S	das sagst du doch nur so

B   nein gar nicht
weil in der Nacht hatte ich das Gefühl
dein Atem schmiegte sich an mich
mit jedem Ausatmen setzte er sich hier
in meine Beuge
die zwischen Kopf und Schulter weißt du
und irgendwann blieb er dort
auch als du einatmetest blieb er dort
so als wollte er sich dort einquartieren und nie
wieder weggehen

S   –

B   genau zwanzig mal sechzig Sekunden sitzen wir
zusammen
davon reden und sehen und lieben wir uns sieben
Minuten insgesamt
der Rest ist unserem Essen gewidmet
schweigen
schweigendes Kauen und Verdauen

S   –

B   und wenn du dann aufstehst und dich ausziehst
ihn einfach fallen lässt den Pyjama mitten in der
Küche und alles stehen lässt
weil du weißt das mach ich das mach alles ich da
kümmer ich mich drum um das Geschirr um
deine Kleider um deinen Pyjama vom Boden den
heb ich auf das mach ich
wenn du dann nackt vor mir stehst: eins zwei drei
Sekunden lang kann ich deine Konturen studieren
dich ansehen dich genießen bevor du
anschließend im Bad verschwindest
dann weiß ich
dass ich mich richtig entschieden habe

B   wenn du die Wohnung verlässt
[part two]
beginnt die Leerzeit
ich drehe sämtliche Uhren mit dem Gesicht zur
Wand nachdem ich den Wecker auf
fünfundzwanzig nach sieben gestellt habe
damit er mich erinnert wenn es Zeit ist
anschließend mache ich Durchzug
du lässt sie rein ich lass sie raus
die Stille
sie hält Einzug wie Fanfare spielende Kinder mit
bunten Uniformen und Fahnen
ich führe sie vorbei am Flur durch das
Wohnzimmer dort drehen sie noch einmal
ordentlich auf bevor sie einer nach dem anderen
durch das geöffnete Fenster einen Schritt über den
Sims in die Tiefe purzeln
und da stehe ich dann
und sehe hinaus
der Blick auf die Helene–Weigel–Straße
eine Haltestelle
jede Menge Menschen die von irgendwoher nach
irgendwohin hetzen
ein Haufen Autos die sich in Reih und Glied an
den Bürgersteig drängen
der rote Citroen steht heute vor Hausnummer 17
gestern war es die 5
und der Mercedes von gegenüber mit
Privatparkplatz ist heute auch schon bewegt
worden er ist gar nicht mehr da
schon los
sechzehn Komma sieben Meter sind es in die Tiefe
mit einem Zollstock aus dem Fenster hab ich die

einzelnen Betonblöcke ausgemessen einer hat
gereicht um die Größe von allen
genau zu erkennen wo sie anfangen und aufhören
da sind tiefe Kerben in der Hauswand
dafür hab ich mir eine Verlängerung gebaut
den Zollstock an einen Besenstiel gebunden und
dann weit raus aus dem Fenster anschließend alle
Betonblöcke zusammengezählt gerechnet und
herausgefunden zwanzig Komma drei Meter sind
es vom Dach aus
auf dem ich noch nie gewesen bin
für mich gibt es kein Draußen
ich
schließe das Fenster
und dann ist da nichts mehr
–
ich gehe in die Küche um nachzusehen ob noch
irgendetwas vom Frühstück ob das Geschirr die
Pfanne dein Pyjama ob die Herdplatte aus ist
um nachzusehen dass nichts mehr im Ofen um
nachzusehen ob vielleicht die Spülmaschine um
nachzusehen ob vielleicht der Basilikum am
Fenster ob vielleicht
ein Blick in die Kammer
vorbei
ins Bad ob das Duschwasser von heute Morgen
vielleicht noch ob Haare im Ausfluss die man
bereinigen muss ob vielleicht eine Rolle frisches
Klopapier
ins Wohnzimmer um nachzusehen ob der
Fernseher auch wirklich aus ist (manchmal siehst
du am Morgen nur mal eben die Nachrichten ohne
Ton und lässt sie dann laufen und ich muss sie
dann ohne hinzusehen bewusst abschalten) auf

das Sofa um nachzuspüren ob meine Pobacken
noch den Abdruck im Kissen ob er noch da ist
ober ob ich ihn nochmal frisch machen muss
und dann
wenn alle Elemente bezwungen sind alle Wogen
sich geglättet haben und kein Ding mehr nach
Hilfe schreit
kommt die Ruhe
nach der Stille kommt die Ruhe
und die breitet sich aus
in der ganzen Wohnung in der Küche im
Wohnzimmer im Schlafzimmer in der
Abstellkammer
in mir
und schließlich übernimmt sie die Macht über das
gesamte Haus das gesamte Gebäude zwanzig
Komma drei Meter in die Höhe dreißig Meter in
die Breite
alles Ruhe
und ich sitze da und lasse sie gewähren lasse sie
einkehren ausscheren walten über mich
mich führen wohin sie will
zum Bücherregal
ich überfliege die letzten zehn Monate
was hab ich präsent was muss ich noch einmal
auffrischen
der Handgriff nach einem beliebigen Buch
the Tempest
erinnert mich an unsere erste Begegnung
ich schlag es auf um nachzulesen wie Alonso seine
Metamorphose durchlebt hat
wie er am Ende Perlen statt Augen und am Ende
ein anderer sein wird und doch nichts von seiner

Persönlichkeit verloren haben wird wie Ariel
verspricht
so ein Luftgeist hat gut reden
wie von selbst fliegt der durch die Luft
so wie meine Beine mich tragen von einem
Pilgerort zum nächsten

–

nachdem das Telefon das erste Mal klingelt
beginnt **[part three]**
Sea-change sagt Shakespeare
die Hände in Gedanken auf den Ohren
um das Klingeln
„Sea-nymphs hourly ring his knell: Ding-Dong"
nicht mehr zu hören
setzen sich die Füße wieder in Bewegung
vom Wohnzimmer in den Flur ins Schlafzimmer
zurück in den Flur in das Wohnzimmer in die
Küche die Kammer das Bad
vorbei
ich fange an den Punkten Koordinaten zu geben
wie von selbst tragen mich meine Beine von A
nach B von B nach C tragen sie mich hin und her
und statt Buchstaben werden es Zahlen und aus
Zahlen werden manchmal Elemente so wird das
Bücherregal zu einem Dreieck und das
Waschbecken im Bad zu einem Drachen und dann
entstehen Bilder sodass aus dem Drachen Loch
Ness wird obwohl das passender wäre für die
Kloschüssel – weil Loch nass – und das Sofa wird
zu einem Kamel auf das ich mich königlich
niederlasse um mit der Peitsche zu knallen und zu
sagen auf

auf auf
reite mit mir durch die Wüste vielleicht treffen wir
Antoine
Antoine von dem man seit 1944 niemals wieder
ein Lebenszeichen

S niemals
B niemals wieder etwas gehört hat
aber wir zwei mein Kamel und ich wir werden ihn
finden
wir werden ihn finden
vielleicht

S –
B vielleicht werden wir ihn finden und wenn nicht
mit meinem Kamel weil es irgendwann fuß lahm
wird dann geh ich allein weiter
denn gehen
gehen ja
das ist nun wirklich kein Problem für mich

–

S hallo mein Schatz
B wenn du nach Hause kommst **[part four]**
ist es spätestens dreiunddreißig nach sieben
der Wecker klingelt um fünfundzwanzig
entweder bist du schon da oder er reißt mich aus
meinen Gedanken und ich weiß
gleich ist es soweit
gleich stehst du in der Tür und es gibt Essen
wenn du kommst essen wir
S wie war dein Tag
B du stehst in der Tür mit den schweren
Einkaufstaschen
S ich muss dir unbedingt sofort was erzählen

B	und ich winke dich hinein schmeiße die Tür hinter dir ins Schloss und umarme dich
S	stell dir vor ich habe in der Mittagspause
B	dann nehme ich dir den Einkauf ab
S	mit Kollegen beim Italiener gegessen
B	ich trage die Taschen in die Küche und räume alles Verderbliche in den Kühlschrank dabei sehe ich gleich was es heute zu essen gibt
S	und da kommt mein Chef in das Restaurant kommt direkt auf mich zu und sagt zu mir vor allen anderen
B	du sagst mir was ich gar nicht erst einräumen muss weil wir das sowieso gleich brauchen
S	er hat gesagt es könnte gut sein dass ich wenn ich mit der richtigen Idee ankomme
B	weil du uns ja was Leckeres
S	er mir für die nächste Ausgabe eine Doppelseite zutraut
B	kochen willst
S	ist das nicht aufregend das könnte meine Chance sein ich will mir jetzt nicht zu viel ausmalen nachher klappt es gar nicht und dann so oder so ich brauch auf jeden Fall eine Idee die alle umhaut
B	wo bist du gewesen
B/S	ich
S	wieso ich bin doch pünktlich alles wie immer hast du dir keinen Wecker gestellt
B	der hat schon vor einer Weile
S	ach Mist ich sollte dir neue Batterien mitbringen siehst du der geht nicht

16

B	wieso geht der nicht
	klar geht der
S	alles gut Schatz ich bin ja jetzt da
	komm hier hilf mir das Gemüse schneiden
	nimm dir das Brett und das Messer
	nicht das das andere
	wasch dir vorher noch die Hände ja
B	ja aber mach das nicht ja mach das nicht mit dem Zuspätkommen
S	du hast dir ja wieder kein Brot gemacht zwischendurch
	also ich hab in der Mittagspause mit den Kollegen gegessen
B	ich hab den ganzen Tag
S	bist du nicht verhungert
B	ich war so beschäftigt dass ich gar nicht gemerkt habe dass
S	ich hab dich angerufen
B	ich war so beschäftigt dass ich gar nicht
S	bist nicht rangegangen obwohl du doch weißt dass das nur ich sein kann
	ist doch überhaupt kein Problem wenn du einfach mal ans Telefon gehst
	ich meine du weißt doch dass niemand sonst hier anruft seit Jahren nicht und darum müsstest du doch langsam mal wissen
	also warum gehst du nicht einfach ran wenn ich dich anrufe
	dann könnte ich dir sagen zum Beispiel dass es heute etwas später wird
B	sag ich ja weil ich so beschäftigt war
S	ach so
B	ja
S	–

17

B	**[part five]**
	nach dem Essen sehen wir noch einen Film
	du wolltest den Fernseher und ich wollte ihn nicht
S	nur für Filme
B	hast du gesagt
S	und einen DVD-Recorder kaufen wir dazu
B	hast du gesagt
	aber ich
S	wolltest nicht
B	das ist meine Ruhe mein Wohnzimmer meine Wohnung
S	muss ja nicht immer sein
	nur ab und zu
B	hast du gesagt
S	nur für Klassiker
B	hast du gesagt und mich gebeten
S	bitte
	ist doch so eine schöne Abwechslung
B	ich brauch keine
	hab schon dich
S	komm schon nur ab und zu
B	hast du gesagt und den Fernseher gekauft
S	und den DVD–Player
B	und immer mehr Filme angeschleppt
S	–
B	was für einen Film sehen wir denn heute
	du kannst ja schon mal deine Vorauswahl die du
	für uns getroffen hast auf den Tisch
	und dann komm zu mir auf das Sofa
	ich
	komm na komm schon
	ich warte hier schon so lang auf den Moment dass
	du dich zu mir setzt
	bitte

DIE POST DURCHSEHEN KANNST DU DOCH
BITTE AUCH NOCH SPÄTER

	komm na komm doch
	komm na komm doch
S	ich komm ja gleich ich muss nur noch schnell
B	na komm
S	ja gleich du kannst uns ja schon mal den Wein
	öffnen und zwei Gläser
B	aber dann muss ich ja
S	ja beweg dich ruhig mal ein bisschen bist ja eh
B	sag das nicht nein du kommst vielleicht aus dem
	Büro und hattest einen stressigen Tag
	aber mach das nicht sowas
	lass uns damit gar nicht erst anfangen
S	den ganzen Tag
B	wenn du wüsstest was ich alles
	vielleicht sollte ich erzählen dass ich heute
	beinahe
	Saint-Exupéry aufgespürt hätte in seinem Versteck
	in der Wüste wo er sich in einer kleinen Holzhütte
	eingerichtet hat
	wo er es sich richtig gemütlich gemacht
	der braucht niemanden der ihm sagt
	mit dem er reden kann
	der ist zufrieden da
	aber leider
S	entschuldige das war dumm von mir
B	kann ich dir nicht davon erzählen
S	was hast du gemacht
B	nicht solang ich nicht weiß was ich vermute
	denn du würdest mir sagen
S	Antoine? Antoine Saint-Exupéry? der Autor vom
	Kleinen Prinzen?
	also selbst wenn er seinen Flugzeugabsturz
	überlebt hätte

ich sage hätte weil ich es nicht glaube aber
nehmen wir mal an er hat seinen Flugzeugabsturz
überlebt und sich wie du sagst in eine kleine
Holzhütte zurückgezogen weil er von der Welt
nichts mehr wissen wollte

B   könnte ja sein

S   ja könnte ja sein
aber dann sind seit 1944 trotzdem über sechzig
Jahre vergangen und Antoine wäre über hundert
Jahre alt

B   naja ist doch möglich

S   wenn er da wohin er sich zurückgezogen hat
medizinisch so gut versorgt worden wäre wie es
hier in der Zivilisation heutzutage möglich ist
dann

B   das würdest du sagen und dann lachen
darum behalte ich meine Mission lieber für mich
außerdem
wer weiß ob ich nicht morgen schon gar nicht
mehr nach Antoine sondern vielleicht nach
ich bin so unbeständig
an meiner Unbeständigkeit muss ich wirklich noch
arbeiten
–

ein Kuss

S   –

B   und ein Blick der mich

S   schenk mir ein bisschen Aufmerksamkeit ja

B   natürlich ich

S   gib dir ein bisschen Mühe ja

B   auf jeden Fall
ich
ich werde es versuchen
ich

S	bitte
B	hab uns schon einen Wein geöffnet und die Gläser die hab ich
S	da drüben im Schrank
B	auch sofort parat
S	danke
B	gern
	und was möchtest du sehen
S	egal
B	und dann siehst du mich an und ich weiß der Fernseher bleibt aus
	heute Abend bleibt der Fernseher aus
	du wirst keinen deiner Filme aussuchen Filme sind uns heute schnurzegal
	egal ob James Bond die Welt retten wird und auch die Olsen Bande muss heute ohne uns auskommen
	das interessiert uns heute nicht heute willst du reden
S	ich würd dir gern was erzählen
B	heute Abend widmen wir uns nur dir
	heute Abend willst du aus deinem Leben erzählen
S	ja
B	und du schneidest es an wie einen Kuchen dein Leben schneidest es an mit einem großen Messer und ich nehme mir ein Stück
	während du erzählst lass ich es mir auf der Zunge zergehen
S	du hörst ja wieder nicht zu
B	doch ich
	lass es mir auf der Zunge zergehen dein Leben in dem nicht alles süß ist da ist auch etwas Salziges sauer Salziges das ich herausschmecke aber das gehört wohl dazu oder
S	ja ich denke schon

B	in jeden guten Kuchen gehört auch etwas Salz
S	und Butter und Mehl und Eier und Zucker
B	aber welcher Teil bin ich
	die Verzierung die Dekoration die kleinen bunten
	Figuren auf der Torte die aus Zuckerguss bestehen
	oder der Boden
	der Boden unter allem auf den sich alles stützt
	die Sahne die Früchte der Teig die
S	ich würde gern dass du all das mal vergisst und
	dich mal voll und ganz auf mich konzentrierst
B	ja das verstehe ich und das tue ich auch
	das tue ich versprochen
	ich hab dir zugehört ich weiß jetzt wieder alles bin
	wieder auf dem neuesten Stand
	ganz nah bei dir an dir
	dein Kuchen schmeckt wie
	ein Kuss
S	ich geh ins Bett ich bin müde
B	was schon
	–
B	**[part six]**
	am Abend in der Nacht im Bett
	meine Hand am Lichtschalter
	du ziehst sie ab
	hin zu
	an deinen Busen
	butterweich
S	lass
B	sagst du
	meine Hand vom Schalter
S	lass das Licht es ist romantischer im Dunkeln

B	an deinen Busen in deinen Schritt
	im Dunkeln liege ich deine Umrisse verfolgend
	wo bist du
S	hier
B	wo bist du
S	hier
B	setzt du dich
	einfach auf mich und bewegst dich vor und
	zurück
	ich fühle und suche nach einem Vergleich doch in
	der Weltliteratur fehlt eine aussagekräftige
	Beschreibung dieses Gefühls oder sie ist mir noch
	nicht begegnet
	ich
	komme
S	noch nicht
B	komme
S	reiß dich zusammen
B	na gut
S	na gut
B	du wirst ein Thema finden und einen grandiosen
	Artikel schreiben da bin ich mir sicher
S	was
B	du wirst es allen zeigen
S	willst du mich verarschen
	jetzt fängst du davon an was soll das
B	ich wollte dir nur sagen dass ich an dich glaube
	und dass ich schon jetzt die Schlagzeilen vor mir
	sehe wie du sie umhaust
	und ich weiß alle Welt wird wissen dass du diesen
	Artikel geschrieben hast
	er wird einfach großartig sein

du musst dich jetzt einfach mal nur entspannen
nur entspannen und an dich glauben dann wird
das alles
nur entspannen und an dich glauben
so wie ich das tu

S	–
B	schon vorbei
S	ja
B	schade
S	–
B	war wunderbar
S	verrückt dass du jetzt davon angefangen hast
B	–
S	hat funktioniert
B	hat es
S	–
B	komm leg dich hier

in meinen Arm
ich will dich
dir nah sein

–

S	danke
B	gern

ZWEI

nur so was Zwischenmenschliches

L   –

S   –

B   **[part one]** wenn du pünktlich rauskommst ist es halb sieben
du stempelst dich aus und verlässt den Bürokomplex über den Hinterausgang in die Heinrich-Heine-Straße der du bis zum Busbahnhof Ecke Glienicker Straße folgst
wenn du pünktlich aus dem Büro raus und schnell genug bist bekommst du den 133er um fünf nach halb sieben und mit dem fährst du dann komplett um die Innenstadt herum Richtung Norden sechs Stationen bis Mecklenburger-Platz

L   wie spät ist es

S   der fünfzehn nach müsste längst da sein

L   danke

S   –

L   –

S   was ist

L   nichts

S   Sie sehen mich so an

L   schau eben gern hin

S   hab ich da was

L   kommt drauf an

S   auf was

L   naja sieht so aus als

S   was

L   als hätte dir jemand was getan

S	mir was getan
	wieso
L	oder bist du in was reingetreten
S	in was
L	du siehst so aus als
	ob du das Glück nicht gerade gepachtet hättest
S	wie bitte
L	du hast es nicht in der Hand
	ist es nicht so
S	ich weiß nicht wovon Sie reden
L	es geschieht mit dir
	aber du hast es nicht in der Hand
	vielleicht hast du dich mal dafür entschieden
	aber jetzt
	stehst du mit leeren Händen da
S	belästigen Sie immer fremde Leute
L	nö
S	–
L	–
S	–
L	komm ich zeig dir was
S	hören Sie auf damit
	die Leute gucken schon
L	komm mit
S	was wollen Sie denn
	wohin soll ich denn
L	irgendwohin
	wir machen was Verrücktes
S	was Verrücktes
L	ja was Verrücktes
	du und ich
	nur wir zwei
S	erst sagen Sie Sie wollen mir was zeigen
	dann wissen Sie nicht wohin Sie wollen

	dann duzen Sie mich permanent
L	und
	gefällt dir doch
	passiert was
	in deinem
	Gesicht
	hast du 'ne Zigarette
S	ich rauche nicht
L	dann nehme ich meine
S	–
L	ich weiß ist ein Klischee mit dem nach der
	Zigarette fragen
	kommt bei den meisten nicht so gut an
	ich hätte auch fragen können zum Beispiel wo
	fährst du hin
S	lassen Sie mich
L	wohin
S	nach Hause
L	ja sieht man
S	wieso
L	wo solltest du sonst hin mit drei Einkaufstaschen
	wahrscheinlich nicht zur Arbeit
S	nein da komme ich gerade her
L	siehst du ist logisch
	nach der Arbeit geht man Einkaufen selten geht
	man vor der Arbeit in die Kaufhalle und nimmt
	den Einkauf dann mit ins Büro
S	–
L	arbeitest du im Büro
S	duzen Sie mich nicht
L	in was für einem Büro arbeitest du
S	hören Sie
L	ich meine die meisten Menschen die im Büro
	arbeiten wie du

S	lassen Sie mich
L	oh stört dich der Rauch
S	mein Bus kommt eh gleich
L	meiner auch vielleicht könnten wir ein Stück zusammen fahren
S	–
L	was machst du denn heut noch so am Platz der Vereinten gibt`s doch das Astra kennst du das da läuft heute Abend eine fette Party soll wirklich richtig gut werden eine Freundin von mir legt da auf wahrscheinlich wird es eine Mottoparty obwohl das ist mit Verkleiden ist wahrscheinlich nicht dein Ding oder also ich würd jetzt nicht sofort denken dass Verkleiden so dein Ding ist ach und dann ist heute ja auch noch Dienstag so'n Mist weiß schon manche Menschen haben Schwierigkeiten mit unter der Woche Feiern gehen mir macht das nichts ich hab eh immer Spätschicht wie ist das bei dir außerdem hab ich nicht vor zu Hause rumzuhängen auf mich wartet da niemand weißt du ich könnt mich auch vor den Fernseher knallen und mich zudröhnen mit Tatort
S	bitte
L	ja keine Sorge der kommt heute sowieso nicht siehst du kommt heute gar nichts Gutes kann man auch weggehen und bis dahin ist ja auch noch ein bisschen Zeit da könnte man vorher noch was essen ich kenn einen wirklich guten Inder gleich in der Nähe wenn du Lust hast ich lad dich ein ja wirklich ich mach sowas normalerweise nicht Menschen einfach so einladen aber ich finde ich finde bei dir kann ich auch mal eine Ausnahme machen also was ist erst Inder dann Party nur den Einkauf müsstest du vorher noch loswerden ist aber kein Problem

	den kannst du auch bei mir abstellen ich wohn
	nicht weit von hier
S	–
L	wie es aussieht hast du überhaupt kein Interesse
	und ich laber mir hier den Mund fusselig
	oh sorry
	hab ich dir jetzt voll hab den Rauch ins Gesicht
S	–
L	tut mir leid
S	–
L	bitte
	Entschuldigung
	SIE
	entschuldigen Sie
	für das Ganze hier
	wirklich
S	–
L	wirklich Entschuldigung dass ich Sie einfach so
	von der Seite hab anquatschen müssen aber das
	ging einfach nicht anders
	ging einfach nicht
	man
	Sie sind so schön
	wissen Sie überhaupt wie schön Sie sind
	–
B	**[part two]**
L	–
S	–
L	Sie schon wieder
S	–

L   'Tschuldigung aber mit Ihnen hab ich jetzt
        wirklich nicht gerechnet nachdem ich beim letzten
        Mal also nachdem Sie beim letzten Mal einfach
        keine Ahnung
        wo sind Sie denn da hin
        wo sind Sie denn da plötzlich hin mit ihren
        schweren Einkaufstaschen sind Sie einfach
        losgelaufen einfach los und ich hab Ihnen noch
        hinterhergerufen aber mein Gott sind Sie schnell
        weg gewesen und das obwohl Sie die schweren
        Taschen hatten und heute schon wieder
B   am Mecklenburger Platz gibt es einen Lidl wo du
        etwa fünfzehn Minuten brauchst um alles
        einzukaufen was wir benötigen
        das heißt du schaffst den 40er Bus um fünf nach
        sieben wenn du den 133er um fünf nach halb
        genommen hast und wenn nicht dann kommt der
        40er erst wieder um fünfzehn nach denn der fährt
        nur alle zehn Minuten
S   –
L   wo sind Sie denn hingelaufen
        verraten Sie mir wahrscheinlich nicht oder
        wahrscheinlich werden Sie wie gestern die meiste
        Zeit hier einfach schweigend stehen und
        schweigen während ich rede
        Sie machen mich nervös wissen Sie das
        mein Gott machen Sie mich nervös
        also ich rauch jetzt erstmal eine
        möchten Sie auch
        Entschuldigung Sie rauchen ja nicht sagten Sie
        schon aber
        wir hatten einen schlechten Start
        können wir nochmal von vorn anfangen das wär
        wirklich

30

ich hab mich ja entschuldigt

S   –

L   naja scheint keinen Unterschied zu machen
aber nur weil Sie nicht reden heißt das ja nicht
dass ich nicht reden darf
wissen Sie ich würde sehr gern mit Ihnen reden
aber ich steh hier auch einfach nur neben Ihnen
wenn es Ihnen nichts ausmacht ich pass auch auf
meinen Rauch auf dass der Ihnen nicht ins Gesicht
weht oder besser ich mach die Kippe ganz aus
sehen Sie ich mach die Kippe ganz aus
nur für Sie

S   –

L   wie war denn ihr Abend gestern

S   –

L   ich hab Ihnen doch erzählt dass ich auf dieser Fete
war da im Astra das war'n Hammerding wirklich
ich hab viel zu lange getanzt als ich hätte tanzen
sollen

S   –

L   und viel zu viel getrunken und viel zu viel
geraucht ich hab das heute früh gemerkt als ich
mich fertig gemacht hab
man man man war das 'ne Nacht
naja man muss halt Prioritäten setzen
nicht
Prioritäten im Leben
man muss halt wissen was man will
will man Spaß oder will man ordentlich und
diszipliniert zur Arbeit
wenn man das will kann man natürlich nicht
tanzen gehen so mitten unter der Woche aber da
würde mir so viel fehlen wenn ich darauf
verzichten müsste weil das ist ja nicht nur wegen

dem Tanzen das ist ja auch wegen all der Leute
die man da trifft und ich bin nun wirklich kein
Einzelgänger
ich brauch immer Leute um mich rum
da würde mir
also das ist so viel Spaß den das bringt
wirklich
also setze ich klar meine Prioritäten
sehen Sie ich verzichte jetzt wegen Ihnen auf
meine zweite Zigarette die ich jetzt eigentlich
rauchen würde während ich auf den Bus warte

S   –
L   ich warte auf den 40er und Sie
ich kann das nicht wissen beim letzten Mal sind
Sie einfach weggerannt
ich nehm immer den 40er
der fährt so schön um das Stadtzentrum herum
da sieht man auch mal den Park
auch wenn ich keine Zeit hab auszusteigen oder
mich auf die Wiese zu setzen manchmal hab ich
auch einfach keinen Bock
trotzdem find ich das irgendwie so angenehm die
paar Minuten die ich nicht in den Massen versinke
sondern im Bus sitze und draußen das Grün
ansehen kann darum würd ich nie die Nummer 32
weil die
S   fährt direkt in den Nachmittags-Feierabendstau in
der Innenstadt
L   genau
S   genau
L   genau
S   –
L   –

S	Sie sind unhöflich anzüglich sehen nicht besonders gepflegt aus und gehen mir auf die Nerven warum lassen Sie mich nicht einfach in Ruhe
L	–
S	gehen Sie
L	–
S	na los verschwinden Sie
L	–
S	Sie Schlampe au das hätten Sie nicht tun dürfen
L	ich spuck Ihnen auch vor die Füße wenn Ihnen das lieber ist
	–
B	**[part three]**
S	–
L	Sie schon wieder glauben Sie ja nicht dass ich mich heute wieder geschlagen gebe heute gehe ich nicht zu Fuß wegen Ihnen Sie finden das vielleicht lustig aber ich lass mich nicht mehr beschimpfen einen Teufel werd ich tun Sie glauben wohl die ganze Welt gehört Ihnen ich warte hier bis mein Bus kommt und solange stehe ich so dicht neben Ihnen wie es nur irgendwie geht und dabei puste ich Ihnen den Rauch meiner Zigarette direkt ins Gesicht vielleicht fangen Sie auch irgendwann an zu husten oder vielleicht werde ich und meine Zigaretten daran schuld sein dass Sie irgendwann

Krebs kriegen das würde mich freuen wissen Sie
das würde mich sehr sehr freuen denn Leute wie
Sie die die

S   nur dieser Einkauf hier

L   was

S   nicht die ganze Welt

im Grunde ist es nur dieser Einkauf hier der mir
gehört
und gehören was heißt das schon aber das was ich
eben im Supermarkt gekauft habe und jetzt mit
nach Hause trage das gehört irgendwie zu mir
obwohl ich nicht genau sagen kann warum denn
mit dem Geld mit dem ich es bezahlt habe das ist
ja auch
ich weiß nicht gehört das Geld mir weil ich es
erarbeitet habe
und als ich es im Supermarkt eingetauscht habe
gegen diese Waren gehören diese jetzt mir oder
nicht

L   was haben Sie gekauft

S   Gemüse. Kartoffeln. für das Abendessen.
und Joghurt.

L   welche Sorte

S   Kirsch

L   mag ich auch gerne

S   das ist (auch) seine Lieblingssorte

L   –

S   –

B   du kannst um dreiundzwanzig nach sieben zu
Hause sein oder kurz nach halb acht das hängt
von verschiedenen Umständen ab
mit dem 40er bist du in der Regel dreizehn
Minuten unterwegs

von der Busstation Sellburg Ring bis zu unserer
Haustür läufst du fünf Minuten natürlich kann ein
Bus mal länger brauchen der ist ja vom Verkehr
abhängig aber in der Regel bist du um
dreiundzwanzig oder um dreiunddreißig zu
Hause
wenn nicht irgendetwas dazwischenkommt

L	was
S	nichts
L	Sie sehen mich so an
	irgendetwas ist doch
S	–
B	wenn nicht irgendetwas dazwischen kommt das
	dich aufhält und davon
	geh ich erstmal nicht aus also
S	–
L	was denn
S	Entschuldigen Sie
B	also warte ich auf dich
S	ich habe Sie
	sehr verletzt neulich
L	gestern
S	aber jetzt sind Sie
L	anders
S	anders ja
L	wie
S	sexy
B	ha
L	haha
S	Entschuldigung
L	–
S	–
L	geben Sie mir
S	was

L	Ihre Taschen
S	nein
L	eine wenigstens sind sicher schwer
S	nein
L	das geht schon
S	geht nicht
L	überhaupt kein Problem wir fahren doch mit demselben Bus und ich will Ihnen nur ein bisschen Last abnehmen
S	niemals
L	sagt sich so leicht
S	und dann
L	tut man es doch

–

B	**which part**
S	was mach ich hier was mach ich hier was mach ich hier
B	mach doch was du willst
	mach doch überhaupt mit wem du willst was auch immer
	ist doch dein Leben
	solange du keine ansteckende Krankheit mit nach Hause bringst und dich an die Verabredung hältst
	dass ich mir keine Sorgen machen muss
	dass ich nicht wie ein wildgewordenes Tier oder nehmen wir ein angestacheltes Wildschwein das ist ein noch schöneres Bild durch die Wohnung sondern ruhig und gelassen durch zwanzig Komma drei Meter und auf dich warten kann vielmehr gar nicht warten muss weil ich ja weiß du bist da und da und dann warte ich gar nicht erst und dann kann man sich auch vorbereiten

wenn du mal länger wegbleibst weißt du dann
kann man das vorbereiten am Vortag zum Beispiel
dann kann man mehr einkaufen für den Fall dass
du länger wegbleibst dann hab ich alles da und
brauch nicht zu warten und dann ist es auch egal
wo du bist das brauchst du mir vorher gar nicht
zu sagen und auch nicht hinterher
ist ja dein Leben das ist ok ist dein Außen dein
Draußen das ist ok das haben wir so abgemacht
also halt dich nur an die Abmachung und komm
nicht zu spät denn wenn du sagst dass du kommst
dann wart ich auf dich

L   du fasst mich an du greifst zu du lässt mich nicht
    mehr los ich kann gar nicht mehr weg du bohrst
    dich in meine Haut ich spüre deine Bisse du beißt
    hinein lutscht mich ab zutschst mich durch ich
    werde überall blaue Flecken
S   zieh dich aus
B   which part
S   zieh dich aus
L   aber tu mir nicht weh
S   niemals
L   das sagt sich so leicht
S   und dann
B   tut man es doch
    which Part
L   mein Part ist es unten zu liegen
    du setzt dich
S   oben drauf ich
L   spüre nichts
S   spüre nichts
L   spüre nichts
S   spüre nichts
L   du bewegst dich vor und zurück

S	vor und zurück aber
L	ich spüre nichts
S	da ist nichts
B	which Part
S	ich setz mich oben drauf
B	meine Hand am Lichtschalter du ziehst sie weg zu dir hin
	an deinen Busen so weich
S	lass das Licht aus ist so viel romantischer
B	unser beider Schatten vereint in der Nacht
L	hellerleuchtet willst du
S	muss es sehen
L	das ganze Zimmer die Stehlampe die Schreibtischlampe
S	muss es sehen
L	hab gesucht nach Kerzen dass wir es romantisch
S	ja mach noch ein paar Lichter so ist es gut
L	tu mir nur nicht weh
S	niemals
B	niemals im Licht niemals im Hellen
	ich weiß genau wie du aussiehst aber in der Nacht nur deine Silhouette
	unser beider Schatten vereint
	du oben immer oben
L	mein Part
S	was mach ich hier
B	mach doch was du willst
S	was mach ich hier mit ihr
L	ich bin Lena
S	nein bist du nicht
L	bin ich
S	na dann
L	weinst du
	als alles vorbei ist

	weinst du
	warum weinst du
S	warum duzen Sie mich einfach
L	bitte mein ganzer Körper ist übersät mit Bissen
	von dir blaue Flecken überall und du fragst
S	warum duzen Sie mich
L	ich kenne deinen Namen nicht
S	eben
L	warum weinst du
S	der Einkauf weißt du der Einkauf
	alles was mir gehört
	hinüber
L	ach was nein so ein Unsinn ich hab alles in den
	Kühlschrank
S	eben in deinen
L	da kommt nichts um
	–
	aber das ist es nicht
	das ist es doch gar nicht das ist es nicht
S	–
L	er ist es
S	–
L	er ist es
S	–
L	ist es er
S	ja
	er
	ja
	er
	er geht nicht aus dem Haus
L	–
S	niemals
L	sagt sich so leicht
S	und dann

B	tut man es doch
S	er nicht
L	–
	ich bin mir nicht sicher ob ich diese Geschichte
	jetzt so direkt nachdem wir miteinander
	ob das so
S	–
L	soll ich fragen
S	–
L	ich meine wenn er niemals aus dem Haus geht
S	–
L	ich frag jetzt einfach
S	–
L	wie habt ihr euch kennengelernt
S	ich hätte jetzt doch gern eine
L	Zigarette
S	bitte
B	part
	part
	part
	part
	which part is that
	i have to call the police
	please officer my wife I miss my wife yes I have
	seen her this morning she went to work no she
	didn`t come back no no
	no problem
	sure this is a problem you know why why why
	ha
	you want to know but you`ll never know because
	the problem is that I
	I I I I
	–
	–

S	die Nachbarin
B	ja die Nachbarin
S	sie bat mich nach ihm zu sehen
	erzählte mir von ihm dass er niemals aus dem
	Haus
B	ja die Nachbarin ist eine gute Seele
S	sie gab mir den Einkauf und schob mich vor seine
	Tür
	ich klingelte
B	und ich öffnete nicht
S	ich wusste nicht was das Codewort ist
	gab es eins
	ich stand da und wartete und hatte keine Ahnung
	was ich da eigentlich tat und dann
B	ah der Einkauf vielen Dank das ist aber freundlich
	von Ihnen
	das wär aber gar nicht nötig gewesen danke danke
S	die Nachbarin bat mich
B	ja die Nachbarin
	eine gute Seele
S	und dann bat er mich hinein obwohl die
	Nachbarin gemeint hat
	er
B	kommen Sie doch herein
S	hätte sonst noch nie jemanden eingelassen
L	nie
S	nein niemals seit
B	sie kannte das Codewort
	hab sie eingelassen und mich wie
	selbstverständlich auf das Sofa zurückgesetzt
	das Buch wieder in die Hand genommen
S	und ich in die Küche
B	kommen Sie zurecht

S	ja danke
	ich werd schon alles finden
	bleiben Sie sitzen
	ich räume nur schnell den Einkauf in den
	Kühlschrank
	ist überhaupt kein Problem
B	brauchen Sie Hilfe
S	nein nein
	erklärt sich doch alles von selbst wo was hingehört
	ist doch nicht anders als in jeder anderen Küche
	auch nicht wahr
B	sicher
S	ich bin gleich fertig und dann komme ich rüber zu
	Ihnen wenn es Ihnen nichts ausmacht
B	ganz und gar nicht
S	was haben Sie gesagt
B	das macht mir ganz und gar nichts aus
S	hat er nicht gesagt
B	hab ich gedacht
	als du dich zu mir auf das Sofa
S	die Bücher waren noch über den Couchtisch
	verteilt
	eines in deiner Hand
B	Shakespeare
S	der Sturm
B	aber ich sah gar nicht hin ich sah nur zu dir
S	was lesen Sie
B	Alonso
S	–
B	Alonso und seine Metamorphose
	stellen Sie sich vor Prospero verwandelte ihn
	durch Ariel von einem schlechten in einen guten
	Menschen und versprach dass nichts an ihm dabei
	verloren gehen würde kann man sich das

	vorstellen dass nichts an ihm verloren gegangen
	sein soll hinterher derselbe wie vorher nur besser
	und
	Perlen statt Augen
S	Perlen statt Augen
B	ja
S	das ist ja unglaublich
B	nicht wahr
	du lehntest dich leicht zu mir rüber so als ob du
	dich an mich schmiegen wolltest
S	von dir ging so eine Kraft aus so etwas Positives so
	als hättest du einen Heiligenschein oder sowas ich
	kann das gar nicht beschreiben
B	komm her
	na komm
S	du legtest den Arm um mich
	und ich
	war neugierig
B	na komm
S	war immerzu neugierig
B	und dann
S	was ist das mit dir
B	passte dein Kopf genau in meiner Schulter
S	tatsächlich
B	wir lasen gemeinsam ein paar Zeilen Shakespeare
S/B	"full fadom five thy father lies;/ Of his bones are
	coral made;/ those are pearls that were his eyes;/
	Nothing of him doth fade,/ But doth SUFFER A
	SEA-CHANGE/ Into something rich and strange./
	Sea-nymphs hourly ring his knell: Ding-dong"
B	doch statt Ariels Gesang
	hörte ich nur deine Stimme
S	mich faszinierte nicht nur dass du niemals aus
	dem Haus

	es war dein ganzes Wesen
B	irgendwann nahm ich dein Kinn aber da
S	diese Ruhe
B	suchten deine Lippen bereits meine
S	sagen Sie
	haben Sie jetzt Perlen statt Augen
L	wenn du mich ansiehst dann ist das wie wenn du
	mich aufspringen lässt auf deine Gedanken auf
	deinen Gedankenzug ich setze mich hinein strecke
	die Beine aus mache es mir gemütlich und dann
	fährst du irgendwohin mit mir es ist mir egal mit
	dir ist es überall schön einmal sind wir gemeinsam
	auf den Eyjafjallajökull gelaufen und du hast mich
	bei der Hand genommen weil ich dich sonst
	verloren hätte in dem dichten Nebel denn zu sehen
	war von dir nichts mehr wir liefen durch
	Rangárþing eystra bis an den Saum des Berges
	standen mitten in der heißen Vulkanasche selbst
	die Lava konnte uns nichts anhaben wir wanderten
	einen schmalen Pfad entlang des Vulkans immer
	höher immer im Kreis wie bei einem
	Schneckenhaus langsam hinauf bis zum Gipfel und
	dir hat es gefallen so im Nichts zu verschwinden
	und mir hat es gefallen dass dort niemand weiter
	war außer dir mein persönlicher Guide: und hier in
	1.666 Meter Höhe sehen Sie den Krater des
	Eyjafjallajökull von dem aus der Vulkan seine
	Asche bis zu 9.000 Meter in die Höhe und dann
	über halb Island regnen lässt fast zwei
	Jahrhunderte nicht aktiv und dann ein solcher Eklat
S	das hat mich fasziniert ja
	damals als man überall in den Zeitungen davon
	las

der gesamte Flugverkehr über Europa lahmgelegt
durch einen Vulkanausbruch
Island muss schön sein dachte ich mir
und ich wollte schon immer einen Ausflug dahin
machen
aber eben nicht allein

L   –

S   ich wollte einen Artikel darüber schreiben
ich wollte schreiben was mich fasziniert daran an
diesem Unglück das ja eigentlich gar keines war für
die Natur ein Vulkan gehört halt dazu
aber für uns Menschen war es eines und für die
Wirtschaft und für alle war es schrecklich aber ich
dachte mir wenn ich weg von diesen Bildern weg
von dem was die Zeitung schreibt weg von dem
was sie versucht durch das immer selbe Bild in
unsere Köpfe zu brennen nämlich dass diese
Horrorwolke die Triebwerke unserer Flugzeuge
lahmlegt und das wir deshalb auf gar keinen Fall
fliegen dürfen und wie sich die Angst ausbreitet die
Angst nicht mehr fliegen zu können zum Beispiel
zu einem wichtigem Geschäftstermin oder in
unseren wohlverdienten Urlaub und wer bezahlt
denn das alles überhaupt wenn das jetzt nicht
zustande kommt der Urlaub nicht und auch der
Vertrag nicht der die Firma vor der Insolvenz
bewahren sollte wer zahlt denn das alles
ich hab mir gewünscht fliegen zu können oder mich
beamen zu können an den Ort wo ein Jahrtausende
alter Vulkan einen solchen Eklat auslöst und
niemand aus der Presse versteht was da wirklich
vor sich geht mit der Natur und wenn die Presse
nicht dann auch nicht die Menschen weil die die

Zeitungen in die Hand nehmen und lesen was wir schreiben

L und

S damals habe ich einen Artikel geschrieben der mich meinen Job gekostet hat danach wollte mir keiner mehr einen Auftrag geben und alles was ich schrieb wurde gar nicht erst gelesen ich musste wieder ganz von vorn anfangen

L und

S ich bin nicht nach Island geflogen falls du das meinst

L seid ihr jemals
ich meine hat er dich
habt ihr
du und er

S was meinst du
meinst du Reisen

L nein das nicht

S was meinst du

L –

S meinst du

L ich flieg mit dir nach Island

S nein

L warum

S das geht nicht

L warum nicht

S für manche Dinge gibt es keine Begründung

L ist das dein Ernst
ich meine warum nicht
warum kannst du ihn nicht verlassen wo du ihn doch eh schon mit mir
ich meine warum nicht
warum zur Hölle denn nicht
und wenn nicht

46

	wenn du nicht mit Lena Witte
	nicht mit mir
	bitte
S	nein
L	warum zur Hölle bin ich dann überhaupt hier
S	du hast mich ausgesucht
L	nein
	du hast mich
	du willst doch dass ich dich da raushole
	aus diesem Dreck
S	der Mensch in seinem Egoismus hat schon viel zu
	viel kaputt gemacht
	sagt er
L	aha
S	alles was uns bleibt
	sind wir zwei

DREI

zu dritt ist man weniger allein

S	**[part four]**
L	machen Sie auf ich weiß dass Sie da sind
	–
	machen Sie schon
	ich weiß dass Sie sich da drin verstecken
B	–
	und jetzt
L	lassen Sie mich rein
B	–
L	danke
B	–
L	wollen Sie gar nicht wissen wer ich bin
B	–
L	na
B	wer sind Sie denn
	eine Kollegin oder
L	ich bin eine Freundin
B	eine Interviewpartnerin für das neue Thema
L	nein eine Freundin
B	konkreter geht es wohl nicht
L	ich bin Friseurin
B	was sind Sie
L	Lena Witte 30 Jahre alt
	Abitur dann Ausbildung zur Friseurin
	wollte immer weiter eigentlich Make-up-Artist
	zum Film oder in die Modebranche Stars frisieren
	aber soweit hab ich es irgendwie nie gebracht
	mich nicht getraut oder vielleicht war ich auch
	nicht konzentriert genug ich meine ist ja auch kein

Wunder bei all den Partys aber das macht nichts
war mir halt wichtig ich hab eben meine
Prioritäten gesetzt auf jeden Fall bin ich immer
geblieben wo ich war in ein und demselben Salon
hab mein Geld verdient mein eigenes Geld hab nie
gut
nie viel aber
niemandem auf der Tasche gelegen

B   glauben Sie das interessiert mich
Sie haben mir doch etwas mitgebracht
L   Ihre Lieblingssorte
ist übrigens auch meine
B   Kirsch
L   ja ich dachte als Köder ich dachte wenn ich Ihnen
etwas mitbringe wird es für uns beide leichter
B   und was noch
nein sagen Sie nichts
es ist
eine Leine
Sie legen sie mir um den Hals und führen mich
hinaus
richtig
L   praktisch nicht
B   praktisch
L   ich hab gehört dass Sie
naja
ich weiß quasi
B   quasi
L   alles
aber eigentlich dachte ich Sie seien viel dicker
B   dicker wieso dicker
L   –
B   und da dachten Sie Sie kommen her
L   ja
B   legen mir eine Leine an

	wie bei einem
	na wie heißt das doch gleich
	dieses vierbeinige strubbelige Etwas das die
	Menschen so gern als ihren Gefährten haben
L	Hund
B	ja genau wie bei so einem
L	Hund
B	ja genau und führen mich hinaus aus meiner eigenen Wohnung
L	sitz
B	danke aber die Mühe
L	platz
B	wirklich die Mühe hätten Sie sich
L	steh
B	also die Mühe hierherzukommen
L	bei Fuß
B	und überhaupt dieser ausgeklügelte Plan weil
L	kommen Sie es wird gar nicht weh tun
B	bevor ich mich von Ihnen
L	ich werde sie an Ihnen am besten hier
B	von Ihnen einer Wildfremden die glaubt mich zu kennen
S	woher überhaupt
B	ja woher
S	ich weiß nicht
B	ja ich auch nicht ich hab mit ihr noch nie zuvor gesprochen du vielleicht
S	nein Schatz ich verspreche dir ich schwöre dass ich überhaupt nicht weiß von wem du sprichst dass ich auch wirklich nicht die leiseste Ahnung habe wer das sein kann ganz im Ernst ich weiß es nicht und es ist mir unerklärlich also wirklich diese Frau sollte man anzeigen

B	von Ihnen werde ich mich sicher nicht hinausführen lassen
L	es wird nicht weh tun ich kenn mich da aus da draußen

uns beiden

Ihnen kann überhaupt nichts passieren

außerdem bin ich eine ausgesprochen gute Führerin ich kann sehr gut führen vorausgesetzt man lässt sich von mir verführen denn ich bin eine ausgesprochen gute Verführerin wirklich mir hat noch keiner widerstanden das ist sozusagen mein Auftrag im Leben ich wickle die Menschen um den kleinen Finger und am Ende machen Sie was ich will wir können also noch eine Weile um den heißen Brei herumreden oder aber Sie machen sofort was ich von Ihnen will das wäre für uns beide viel einfacher ich krieg sowieso was ich will am Ende also kommen Sie

B   da springe ich lieber aus dem Fenster

quasi zwanzig Komma drei Meter in die Tiefe

wenn ich vom Dach aus springen würde

aber hier aus der fünften Etage sind es vielleicht

nein es sind genau sechzehn Komma sieben die

stürzt man nicht einfach in die Tiefe und unten

macht man einen Spaziergang

sicher kommt man da nicht in einem Stück unten an

naja obwohl vielleicht bricht man nicht äußerlich auseinander aber dafür innerlich zusammen

aua Sie Mistvieh nehmen Sie dieses Ding von mir

es wird mich aua

L   es wird gleich besser

haben Sie doch Geduld

Sie wollen doch auch

dass dieses Tigern

B	Tigern
L	Tigern durch die eigenen vier Wände
	ein Ende hat
B	woher wollen Sie das wissen
S	von mir hat sie das nicht weil wie gesagt
B	du kannst es ja selbst nicht wissen du bist ja nicht
	da von achtuhrfünfundvierzig wenn du das Haus
	verlässt bis neunzehnuhrdreiundzwanzig oder
	neunzehnuhrdreiunddreißig je nachdem wie du
	aus dem Büro und du die Busse bekommst bist du
	ja gar nicht zu Hause du kannst also gar nicht
	wissen was ich
S	richtig
L	Sie benehmen sich in Ihrem eigenen Zuhause
	quasi
S	quasi
L	wie ein eingesperrtes wildgewordenes Tier
	laufen kreuz und quer durch Ihren Käfig
B	ich werde Sie schlagen
L	halten Sie doch still
S	halt doch einen Moment still
	ja stell dich nicht so an
	sie will dir sicher nichts
B	du bist ja gar nicht da
	zwanzig Komma drei Meter in der Höhe dreißig
	Meter in die Breite
	zwölf Mietparteien in einem Aufgang zwei
	Aufgänge insgesamt
	ich weiß sehr wohl wovon ich spreche
	mit dem Zollstock aus dem Fenster

L kommen Sie da runter   B ich weiß genau wie lang
   vergessen Sie nicht   und breit hier alles ist
   ich hab Sie an der Leine   Sie Fliegengewicht Sie
                                  wenn ich da runter was
                                  glauben Sie wer wen hält

B	this is **[part four]**
L	was soll das heißen
B	wenn sie nach Hause kommt gibt es Essen
L	was soll das heißen
B	warten wir
	trinken eine Tasse Tee
	entspannen wir uns
L	–
	ich würde Sie gern was fragen
	–
S	ich hab dich nie gefragt
	einmal hab ich den Versuch unternommen
	beim Frühstück
B	du strahlst
S	ja
B	beim Frühstück strahlst du als ob dieser Tag etwas
	ganz Besonderes
S	heute soll die Sonne scheinen ich zieh mein Blaues
	Kleid mit den weißen Schleifen an
	was denkst du
B	dass da was anders ist
	ist das ein Schatten in deinem Gesicht
	weil du
S	ich war so neugierig
B	weil du wissen musst warum
S	warum
B	warum
	und wenn es gar kein Darum gibt
	ist doch alles gut
S	ist doch alles gut
	ja
L	und dann
S	dann bin ich rüber zur Nachbarin
L	ah ja gute Idee
	wär ich auch wahrscheinlich

S   zur Nachbarin

L   warte mal

weil als ich das das erste Mal gehört habe dass er niemals aus dem Haus geht da hab ich mir vorgestellt wie er einer von diesen dicken einer von diesen ganz dicken Amerikanern ist die gar nicht mehr aus dem Haus kommen weil sie so fett sind und trotzdem nicht aufhören können zu essen

obwohl Manuel Uribe ist gar kein Amerikaner Mexikaner ist er glaub ich der wog 570 Kilo als er ins Guinness Buch der Rekorde aufgenommen wurde als fettester Mensch der Welt bei seiner Hochzeit konnten alle live mit verfolgen wie sein geschmücktes Bett mit einem Spezialtransporter und einer Polizeieskorte in den Festsaal gebracht wurde ich konnte mir eigentlich gar nicht vorstellen dass sie mit jemand so fettem zusammenlebt wo sie doch so schön ist aber man weiß ja nie weil die Frau die Manuel Uribe geheiratet hat die war eigentlich auch eine ganz hübsche ganz normale hübsche Frau versteh ich nicht wie man so jemanden lieben kann ob die nur ins Fernsehen wollte wahrscheinlich stand sie einfach auf Fett immerhin war sie schon mal verheiratet gewesen mit einem der war nur halb so dick hat aber immer noch 250 Kilo auf die Waage gebracht man sagt ja es zählen nur die inneren Werte aber nur und ausschließlich das kann ich mir irgendwie auch nicht vorstellen

naja

fett ist er ja nun nicht deshalb kann es das nicht sein

also du bist rüber zur Nachbarin

und was hat die gesagt

S	sie hätte genau wie ich
	die Nachbarin
	genau wie ich einmal herauszufinden versucht
	und dann
	ihm Stellenanzeigen unter der Tür
	durchgeschoben
	von denen sie wusste sie würden passen denn
	sie ahnte nicht nur nein sie wusste was er vorher
	beruflich gewesen ist
	und warum es dann nicht weiter ging mit ihm
L	warum hat es nicht weiter funktioniert
	hat sie es dir verraten
S	die Nachbarin hat es mir gesagt ja
L	hat es was mit 1989
S	vermutlich oder
	es war einfach
L	was
S	er wollte zu viel oder die wollten zu wenig
L	hat man ihn
	wurde er
S	nein er selber hat sich einfach
B	wieso könnt ihr eure Finger nicht aus der
	Angelegenheit nehmen und dafür
	in eure eigenen
	fast hatte ich vergessen
	dass das eine dieser abscheulichen Eigenschaften
	des Menschen ist
	sich alles unter den Nagel reißen zu müssen
	sich alles anzueignen was nicht niet- und nagelfest
	ist
	und glaubt darüber urteilen zu dürfen was richtig
	und was falsch
	wie andere ihr Leben leben
	hatte ich fast vergessen
	ich kotz gleich –

ich habe mich eingeschlossen
die Tür hinter mir ins Schloss
einfach zu von innen nach außen abgedichtet
eingeschlossen
ich mich selbst
ganz einfach
um zu trennen was nicht zusammengehört
eine Entscheidung getroffen
und
mich zurückgezogen
–

am Anfang kamen noch Leute Telefonanrufe
Briefe
Besuche an der Tür
aber es wurden immer weniger
immer weniger und blieben schließlich ganz aus
und ich vergaß
keine Zeitung mehr kein Radio kein Fernseher
keine Nachrichten keine Meldungen
keine Ahnung was draußen vor sich geht
–

bis du kamst

–

S	**[part four]** begins
B	wenn Sie kommt gibt es Essen
S	Schatz was
	was machst du da
	komm da runter sieht ja gefährlich aus bitte
B	ich brauche heute kein Mittag
	SCHATZ
	ich habe schon mein Lieblingsjoghurt
S	was machen Sie hier
	was wollen Sie hier

	was soll das
	verschwinden Sie
B	wir sind quasi
L	quasi ja
B	aneinandergekettet
	schau
	ich ihr Hündchen und sie
	sie sie sie
	ja wer sind Sie eigentlich
S	ein Niemand
L	ein Niemand scheint es
B	ein Niemand also der mich als Hund durch die Straßen Gassi führen will
S	abscheulich dass Sie überhaupt nur auf die Idee gekommen sind hierherzukommen
B	komisch wie Sie so einfach auf die Idee gekommen ist
	einfach so
	durch nichts dazu inspiriert
L	einer musste was tun
S	halt den Mund
B	durch nichts dazu motiviert
S	haltet beide den Mund
	ich muss nachdenken
B	gut dann kann ich ja gehen
	während du denkst kann ich ja gehen
	habt ihr ja beide sicher einiges miteinander zu besprechen
	ich geh dann mal
	in die Küche am besten
	hol mir einen Löffel für den Joghurt
L	du kannst nicht einfach gehen
	he aua
S	tut er dir weh
	hat er dir weh getan

L	ist nicht das erste Mal
S	komm her
	na komm
	das tut mir leid
	aber du hättest nicht herkommen sollen
	tut es sehr weh
	komm her
B	eine Frage habe ich noch
	ihr beide
	das
	ist doch was Zwischenmenschliches

	–

S	ich hab keine Ahnung mehr
	welcher Part das jetzt ist
B	**which part**
S	genau ich hab keine Ahnung
	ich bin schon ganz hilflos
	du musst es mir sagen
	sag doch mal which part das jetzt ist
B	–
	hast du denn ein Thema
	hast du denn
	hast du denn recherchiert ich meine hat dir das
	was gebracht mit der Friseurin hast du da jetzt
	was schreiben können wirst du jetzt deine Karriere
	ankurbeln können ich hoffe das nur für dich denn
	das war dir ja immer so wichtig so wichtig war
	das dir
S	du packst
B	die Hemden die Hosen die Socken meine Bücher
S	den Kleinen Prinzen nicht
	bitte

B	gut den Kleinen Prinzen nicht
S	nur für den Fall
B	den Fall wird es nicht geben
	die Hemden die Hosen die Socken the tempest
S	lass es bitte
B	die Hemden die Hosen die Socken und
	Shakespeare
S	nur für den Fall
B	die Winterjacke die Schuhe die Mützen die Schals
S	er packt
L	soll er doch er wird doch eh nicht kann er ja gar
	nicht lass ihn doch packen
S	wieso bist du noch da was willst du noch hast
	nichts verstanden
L	hab ich doch dass ich dich gern habe
S	lass mich geh verschwinde
L	dass ich dich wirklich gern habe
	selbst deine Macken
S	Macken
L	deine komische Art mich gern zu haben
S	–
L	hast du doch
	du hast mich doch gern
	wenn du mich beißt in den Nacken oder in den
	Schenkel
	wenn du mich übersäst mit Malen
	die mich erinnern am nächsten Morgen daran was
	du mit mir letzte Nacht angestellt hast
S	das ist mir jetzt nicht mehr wichtig
L	ja selbst deine komische Art dich auf mich zu
	setzen so zu tun als ob ich
	als würde das funktionieren selbst das
S	er packt
L	soll er doch du hast doch mich

S	seine Hemden und Hosen und Socken und
	Antoine Saint-Exupéry
L	es war vielleicht nicht richtig dass ich
S	war es nicht
L	außerdem wo soll er denn hin
	er wird doch nicht
	auf einmal
S	verstehst du denn nicht
	er war nie eingesperrt
L	was soll das heißen
S	immer frei
	frei zu gehen und jetzt
L	jetzt auf einmal
S	ein Miststück bist du
	dir einzubilden du könntest dich einmischen in
	mein Leben und dann auch noch hoffen ich würde
	dich lieben können
L	–
B	ich geh dann jetzt
L	soll ich mich vor die Tür stellen dass er nicht weg
	kann
S	mir hat nie was gefehlt bei ihm
	ich war glücklich
B	warst
S	ich liebe ihn
L	– B hahaha
S	ich liebe dich
B	– L –
S	aber wenn ich eben nicht nach Hause kam dann
	hast du
B	die Polizei gerufen
S	bist unsicher geworden
	war wie ein Spiel

B	hast mit mir gespielt
	anfangs mal nur ein bisschen bist nur ein bisschen
	zu spät dann ein paar Minuten ein paar Stunden
	eine ganze Nacht und ich
S	war wie ein Nervenkitzel
B	hast den Bogen überspannt
S	was kann ich denn tun dass du bleibst ich will
	nicht dass du gehst ich will das alles so bleibt wie
	es war wir beide wir müssen doch
	zusammenhalten
	hier drin

(Song: Austra „Lose it")

B	hast die Tür offen gelassen hast sie aufgemacht
	hast alle reingelassen die Tür steht offen kann ja
	jetzt jeder kommen was soll ich jetzt noch hier
	verschließen kann man sie nicht mehr da kann ich
	auch gleich über die Schwelle du wolltest es doch
	du wolltest es doch so dass es endlich ein Ende hat
	gut ich tu dir den Gefallen aber zurück
S	ja
B	zurück kann ich nicht mehr
L	–
S	hab alles kaputt gemacht
L	wieso du
	nein
	ich
S	ach du
	wer bist du schon
	du spielst doch in diesem Ganzen
	in diesem Allen in dieser Sache
	spielst du doch überhaupt keine Rolle
	ich
	ich hätte dir niemals
L	niemals
S	hätte dir einfach niemals

L	das sagt sich so leicht
S	damals an der Haltestelle
L	und dann
S	als hätte ich dir die Schlüssel zu unserer Wohnung direkt in die Hände gelegt
L	tut man es doch
S	die Einkaufstaschen geben dürfen

–

B	test test test
S	which part
B	ich gehe
S	–
B	ich gehe und zum ersten Mal seit langem sehe ich hinauf statt hinunter aus dem Fenster hinunter sehe ich hinauf zwanzig Komma drei Meter ich zähle die Meter ich messe sie ab und stelle fest dass ich mich nie verrechnet habe es sind zwanzig Komma drei Meter nur das mit der Ruhe mit der Ruhe stimmt etwas nicht ganz denn die Ruhe die spielte sich auf sechzig Komma neun Quadratmetern ab nicht im ganzen Haus nur in der Wohnung darin liegt der Fehler und auch innerhalb der sechzig Komma neun innerhalb dieser Quadratmeter war die Ruhe auch nur solange wenn ich ehrlich bin war sie nur solange innerhalb dieser sechzig Komma neun Quadratmeter bis zu dem Zeitpunkt an dem ich dich

dich – **your part**
in mein Leben gelassen habe

zwanzig Komma drei Meter sind es
die ich hinaufschaue
zwanzig Komma drei Meter grauer Putz
sechzehn Komma sieben nur bis zu unserem
Fenster
wo du stehst und zu mir heruntersiehst
mir winkst
so als
würde ich
nur mal eben
zum Einkaufen

S

Agnes Gerstenberg wurde 1985 in Berlin geboren.

 Sie war Teilnehmerin des Lehrgangs FORUM Text zum szenischen Schreiben an der uniT in Graz und erhielt Stipendien u.a. vom Stuttgarter Schriftstellerhaus und der Akademie für Kindermedien in Erfurt. Als Dramaturgin und Theaterpädagogin wirkte Gerstenberg am Jungen Ensemble Stuttgart, am Theater des Lachens in Frankfurt an der Oder, am Staatstheater Karlsruhe sowie am Theater Regensburg.

Zu den wichtigsten Veröffentlichungen der Autorin gehören das Kinderbuch „Die Sache mit dem Sinn", das sie mit 15 Jahren im Geest-Verlag veröffentlichte, sowie das Theaterstück „Schwerelos", das 2004 im Rahmen eines Festivals in Wien aufgeführt wurde und anschließend, finanziert durch das Goethe Institut, ins Englische übersetzt und zusammen mit der Autorin nach Australien eingeladen wurde – zum internationalen Festival World Interplay.

„Zu einer anderen Jahreszeit. Vielleicht" (Per H. Lauke Verlag) wurde 2011 am Staatstheater Braunschweig aufgeführt sowie 2015 vom SWR2 als Hörspiel produziert und ursendet. Die Kinder- und Jugendtheaterstücke der Autorin werden vom Verlag für Kindertheater vertreten.

Für die Arbeit an ihrem ersten Roman „Unberührt", nach dem gleichnamigen Theaterstück (Verlag Chronos Theatertexte) führte Gerstenberg im Frühjahr 2020 erfolgreich ein Crowdfunding durch (www.startnext.com/unberuehrt).

www.AgnesGerstenberg.com